Johann Hinrich Claussen

Von Laubpustern, Tattoos

und anderen christlichen Traditionen

Agentur des Rauhen Hauses Hamburg

Inhaltsverzeichnis

Einstimmung

Traditionen haben etwas Gutes, sie geben uns Halt im Strom der Zeit. Wir entreißen etwas der Vergänglichkeit, indem wir es von Generation zu Generation weitergeben. So entwickelt sich eine Kultur mit ihren Überzeugungen, Werten und Glaubensvorstellungen. Mitunter kommt es dabei aber auch zu Entwicklungen, die uns schmunzeln lassen. Alles beginnt schon mit unserem Umgang mit der Zeit.

Wir Menschen sind Zeit-Wesen. Wir leben in der Zeit, sind aus Zeit gemacht. Aber wir haben sie nicht in der Hand. Je fester wir zupacken, umso geschmeidiger und hinterlistiger gleitet sie uns zwischen den Fingern hindurch. Weil wir sie nicht festhalten können, versuchen wir, sie zumindest zu messen und einzuteilen. Besonders wir Deutschen sind schrecklich gut darin. Viele hilfreiche Erfindungen sind uns dabei zur Hand: extrem smarte Uhren, Big-Data-Armbänder, Digitalkalender, Mobiltelefone, die uns in die allerhöchsten Clouds entführen. Doch haftet all diesen digital-hochgerüsteten Zeit-Maschinen etwas Vergebliches an. Am Ende fließt die Zeit nämlich doch davon wie eh und je und reißt uns mit.

Vielleicht haben deshalb die neuen und alten Zeit-Maschinen auch etwas Aggressives an sich. Die gute alte Armbanduhr zum Beispiel, sie wurde in der Zeit der Reformation erfunden, setzte sich aber erst im Ersten Weltkrieg durch. Vorher wurde sie fast nur von wohlhabenden Damen gekauft. Der „bessere Herr" trug eine Westentaschenuhr. Aber die war im Krieg sehr unpraktisch. Die Offiziere hatten Mühe, unter Kampfbedingungen einen schnellen Blick auf ihre Uhr zu werfen. Das konnte in modernen Gefechten fatale Folgen haben. So setzte sich die Armbanduhr zunächst bei den Offizieren durch und wurde nach dem Krieg von den Angestellten übernommen. Denn diese hatten ja ein zeitlich strikt geregeltes Berufsprogramm zu absolvieren. Fast zeitgleich wurde die Armbanduhr zudem im Sport beliebt, der in den Zwanzigerjahren zur Massenbewegung wurde. Ausdauerschwimmer, Langstreckenläufer, Rennfahrer brauchten eine praktische Uhr, um ihre Leistungen zu überprüfen. Die Armbanduhr brachte einen epochalen Gewinn an eigenem Zeit-Wissen und führte zu gesteigerter Zeit-Disziplin. Es ist kein Zufall, dass die meisten Uhrenmacher Protestanten waren. Denn die Armbanduhr vermittelte den berufstätigen Massen das protestantische Arbeitsethos. Das war Segen und Fluch zugleich.

Was die Zeit angeht, sind wir aber nie nur Opfer, sondern stets auch unsere eigenen Kerkermeister. Wir könnten uns deshalb die Freiheit nehmen, unsere Zeit-Handschellen dann und wann abzulegen: die Armbanduhr auf den Schreibtisch legen, das Mobiltelefon leise stellen, den Computer herunterfahren. Dann könnten wir nachdenken, ob es nicht auch so etwas wie erfüllte Zeit gibt: Momente, in denen uns etwas leuchtend klar wird, Augenblicke, in denen alles da zu sein scheint. Dafür braucht man Gelegenheiten. Das Christentum hat dafür eine schöne Erfindung hervorgebracht: das Kirchenjahr – ein Rhythmus aus hohen und niedrigen Festen, bitteren und glücklichen Tagen, in denen wir eine Ahnung davon gewinnen können, dass unsere Zeit in guten Händen ist. Lassen Sie uns im Folgenden einmal einen Blick auf diese und andere christliche Traditionen werfen.

Tagesdu

Zu den unergründlichen Geheimnissen der deutschen Sprache gehört die Frage „Sie oder Du?". Seit einiger Zeit wird das „Sie" vom „Du" verdrängt. Ob dies ein Zeichen dafür ist, dass die Menschen freundlicher miteinander umgehen? Als beweissicheres Indiz eines sozialen Klimawandels, einer allgemeinen Menschenerwärmung möchte ich den Vormarsch des „Du" jedoch nicht werten. Es ist eher ein Signal dafür, dass die Amerikanisierung fortschreitet. So ist selbst aus Vorstandsetagen und Anwaltskanzleien zu hören, dass das „Du" diese ehemals festen Bastionen vornehmen Siezens eingenommen hat. Das habe damit zu tun, wurde mir gesagt, dass man so große Räder in den USA drehe und ständig Telefonkonferenzen mit Marc, Jeff und Marissa abhalte, bei denen man die deutschen Kollegen nicht „Herr Schmidt" oder „Frau Müller" nennen könne. Angesichts der allgemeinen Duzerei wird mir das angestaubte „Sie" wieder lieb, signalisiert es doch Höflichkeit und Respekt, wehrt es zwanghafter Verkumpelung und eröffnet so die Freiheit, kleine Abstän-

de zu wahren. Manchmal jedoch fühlt es sich peinlich an. Es gibt Situationen, da müsste man zum „Du" übergehen, weiß aber nicht, wie man es machen soll. Hier nun hilft eine neue Spracherfindung: das „Tagesdu". Entwickelt wurde es auf Golfplätzen. So wurde mir, der ich noch nie auf einem Golfplatz gewesen bin, jedenfalls erzählt. Das Tagesdu geht so: Wenn Führungsmenschen zum Zweck wechselseitiger Vernetzung miteinander Golf spielen, können sie sich schlecht siezen. Golf soll ja so eine Art Sport sein. Also sagen sie „Du", aber nur für diesen Tag. Beim nächsten Mal am Konferenztisch heißt es wieder „Sie". Das leuchtete mir zunächst ein, aber ich fragte mich, ob man da nicht durcheinanderkommt. Vom „Sie" geht es schnell zum „Du". Aber zurück? Übrigens kann man diese Frage auch metaphysisch tieferlegen: Soll der Mensch eigentlich Gott duzen oder siezen? Aus Gewohnheit reden wir Deutsche ihn stets mit „Du" an. Aber so selbstverständlich ist das nicht. In Frankreich benutzte man im Gebet früher das „Vous". Darin äußert sich ein Gespür dafür, dass Gott nicht einer von uns ist. Aber auch bei Gott soll man es mit der Höflichkeit nicht übertreiben, weshalb Jesus von Nazareth empfahl, ihn „Abba/Vater" zu nennen und zu duzen – an allen Tagen und auch bei Nacht.

Rudern

Es ist ja gar nicht so schlecht, auch in fortgeschrittenem Alter noch etwas Neues zu beginnen. Aber einfach ist es auch nicht. Besonders das Einfache erweist sich manchmal als das Schwere.

Ich habe nun also mit dem Rudern begonnen. Dabei gab es einiges für mich zu lernen, vor allem die notwendige Locker-heit. Mein erfahrener Lehrer musste es mir wieder und wieder sagen: „Locker bleiben!" und „Locker lassen!". Denn man soll die Ruder – ähem, die Skulls – nicht krampf-haft festhalten und mit Gewalt hin und her bewegen, sondern eben leicht führen, entspannt nach hinten bringen, fallen las-sen, mit unverkrampfter Hand durch das Wasser ziehen. Man müsse der Bewegung vertrauen, das Blatt finde schon seinen Weg. Frauen und Kinder würden das sofort verstehen, nur die Männer bräuchten viele lange Trainingsstunden, bis es „klick" machen würde und sie endlich vom Wahn lassen könnten, auch beim Rudern alles mit Kraft kontrollieren und stur steuern zu wollen.

Der Bewegung vertrauen, das Blatt findet seinen Weg – das ist eine Einsicht, die sich vom Rudern auf viele Lebensbereiche übertragen lässt. In der Liebe und der Freundschaft zum Beispiel liegt das auf der Hand – obwohl es auch da nicht immer leicht ist, die rechte Leichtigkeit zu finden. Auch im Beruf mag diese Ruderlehre sinnvoll sein und im Glauben. Ich möchte mir das jedenfalls künftig vornehmen, mehr der Bewegung zu vertrauen und darauf, dass das Blatt – das Wort – schon seinen Weg findet. Ähnliches kann man schon in der Bibel lesen – in der vom Rudern allerdings eher selten die Rede ist. Beim Propheten Jesaja heißt es:

„Denn gleichwie der Regen und Schnee vom Himmel fällt und nicht wieder dahin zurückkehrt, sondern feuchtet die Erde und macht sie fruchtbar und lässt wachsen, dass sie gibt Samen zu säen und Brot zu essen, so soll das Wort, das aus meinem Munde geht, auch sein: Es wird nicht wieder leer zu mir zurückkommen, sondern wird tun, was mir gefällt, und ihm wird gelingen, wozu ich es sende."

Jesaja 55,10-11

Das ist eine schöne Entlastung und Ermunterung in einem. Wir dürfen locker lassen, Gott kommt mit uns zum Ziel.

Technofasten

Wenn die Passionszeit vor der Tür steht, werden viele Mitmenschen wieder fasten. Ich nicht, denn ich ziehe es vor, mich das ganze Jahr über darum zu bemühen, die Mitte zwischen Luxus und Askese zu treffen. Wenn Sie aber eine zeitgemäße Form des Fastens suchen und noch nicht wissen, wie Sie es anfangen sollen, gebe ich Ihnen diesen Rat: Versuchen Sie es einmal mit Technofasten! Dazu müssten Sie sich nur an eine Regel halten, mit der ich so gute Erfahrungen gemacht habe, dass es gemein wäre, wenn ich sie für mich behielte. Sie lautet: „Kaufe dir eine Erfindung erst, wenn sie kurz davor steht, veraltet zu sein." Dann nämlich weißt du, ob du sie wirklich brauchst. Dann erst hat sie ihre Kinderkrankheiten ausgestanden und kostet nur noch halb so viel. Wer sich an diese weise Regel hält, schont Umwelt und eigene Nerven, denn er muss deutlich weniger Einkaufen gehen. Während die Freunde von mir, die immer alles Neue toll finden, sich den Kopf darüber zerbrechen, welches neue Handy sie sich kaufen müssen, um vorne mit dabei zu sein, bleibe ich meinem alten Ding treu. Es dient mir nun schon sieben biblische Jahre. Wenn ich es – wie stets zu meiner vollsten Zufriedenheit – bediene, ernte ich manchmal von den „Immer-alles-Neue-toll-Finderinnen-und-Findern" nostalgisch-neidische Blicke. Herrlich – ein Handy, mit dem man nur telefonieren kann!

Damit hat Jesus natürlich etwas anderes gemeint. Aber wer wie ich zu den überzeugten „late adoptern" gehört, muss keine Angst haben, immer nur der Hinterletzte zu sein. Allerdings muss ich damit leben, dass ich mit meiner Maxime die eine oder andere Innovation verpasse. So wie es aussieht, werde ich derzeit dieses irdische Jammertal verlassen, ohne auch nur ein Mal getwittert zu haben. Aber muss ich deshalb ein schlechtes Gewissen haben? Mit einer prinzipiellen Fortschrittsfeindlichkeit hat mein „late adoptertum" übrigens nichts zu tun. Ich nutze moderne Techniken ja gern, nur warte ich eben, bis sie wirklich funktionieren. Also keine Sorge, Herr Zuckerberg! Irgendwann werde ich mich bestimmt in Ihrem Gesichtsbuch eintragen. Aber ich gewähre Ihnen noch etwas Zeit, damit Sie diese lästige Detailfrage mit dem Datenschutz klären können.

Osterschmuck

Ein stiller Streit beherrscht die Nachbarschaft. Misstrauisch schaut man über den Gartenzaun. Wie hält es der Nachbar mit dem Osterschmuck? Die Einwohnerschaft ist in zwei Lager geteilt. Die einen haben schon lange ihre wintergrauen Vorgärten festlich geschmückt und viele, viele bunte Plastikeier an die dürren Äste ihrer Hecken, Sträucher und Bäume gehängt. Die anderen aber lassen ihre Vorgärten und Fensterbänke bewusst leer. Es ist ja immer noch Fastenzeit und noch lange nicht Ostern. Bis dahin haben sie es lieber karg und herb. Sie sind in der Unterzahl. Nur unbewusst werden sie von männlichen Singlehaushalten unterstützt, die an Deko-Fragen generell kein Interesse zeigen. Die deutliche Mehrheit aber ist auf Seiten der Früh-Schmücker.

Nun könnte man von Haus zu Haus gehen, um die Menschen darüber zu belehren, dass man vor Karsamstag keine Eier irgendwo hinhängt. Doch diese Rolle behagt mir nicht. Früher soll es Leute gegeben haben, die dafür sorgten, dass an bestimmten Tagen in allen Häuser und Wohnungen richtig „geflaggt" wurde. Doch solch einen Blockwart, der darüber wacht, dass das Kirchenjahr fein säuberlich beachtet wird, möchte ich nicht spielen. Es wäre ja auch ganz vergeblich.

Natürlich hat es sein Gutes, wenn man den alten Rhythmus der Zeiten beachtet. Glück hat immer etwas mit Abwechslung zu tun, mit dem Wechsel von hell und dunkel, arm und reich, grau und bunt. Man kann nur genießen, wenn man vorher verzichtet hat. Wer immer aus dem Vollen schöpft, hat bald alles satt. Der Sinn der christlichen Fastenzeit allerdings reicht noch tiefer. Er will nicht bloß die Genussfähigkeit durch vorgängige Diäten steigern, sondern Anteil nehmen an der Geschichte Jesu, von dem Christen glauben, dass er für

uns gelitten hat, für uns gestorben und auf-
erstanden ist. Insofern ist das eigene Fasten
ein Mitgehen, ein Stück Nachfolge Jesu.
Das ist vor allem ein innerer Vorgang. Aber
er zeigt sich auch äußerlich daran, dass man
mit den Plastikeiern ein bisschen wartet.

Doch das kann man niemandem befehlen, vor allem denen nicht, für die Ostern
nur ein Frühlingsfest ist oder die es nicht
gelernt haben, mit dem Konsumkram auch
mal Pause zu machen. Und wenn es den
Leuten Freude macht, den langen, kalten,
dunklen und trüben Spätwinter durch
Garten- und Wohnaccessoires aufzuhellen,
bitte sehr. Dann muss man es halt gelas-
sen hinnehmen, dass manche Vorgärten
schon Anfang März vor Buntheit quiet-
schen. Wichtig wäre es jedoch, dass die

Früh-Schmücker ihre Eier rechtzeitig zum
Ende der Sommerferien wieder abnehmen.
Denn dann müssen ja bekanntlich die vor-
weihnachtlichen Lichterketten angebracht
werden.

Gebet

Es wird zur Zeit viel über die Rückkehr der Religion gesprochen. Die Medien sind voll davon. Aber wie sieht es in den Herzen aus? Das kann keiner wissen. Doch eines macht stutzig: Über das Beten wird kaum gesprochen. Dabei ist es die religiöse Handlung schlechthin. Oder mit einem Wort des romantischen Dichters Novalis: „Beten ist in der Religion, was Denken in der Philosophie ist. Beten ist Religion-machen." Aber dieses Religion-machen ist eines der letzten Tabus. Kaum jemand traut sich, darüber zu sprechen. Für die Medien ist es von zu geringem Nachrichtenwert. Und in privaten Gesprächen wird es gemieden, weil es doch eine sehr intime Angelegenheit ist.

Das ist schade, denn das Beten bewegt die Menschen immer noch. Beides – die Faszination des Betens und die Scheu davor – hat der Verleger und Schriftsteller Michael Krüger in einer schönen kleinen Geschichte dargestellt. Als kleiner Junge verbrachte er viel Zeit bei seinen Großeltern, Bauern im Osten Deutschlands, deren Hof nach dem Zweiten Weltkrieg enteignet worden war. Sie lebten also auf dem ehemals eigenen Hof als Knechte in einem Zimmer zusammengepfercht. Der kleine Michael musste sich das Bett mit seinen Großeltern teilen. Jeden Abend, wenn die

Großmutter glaubte, er würde schon schlafen, begann sie zu beten. So kam der Junge früh mit dem Gebet in Berührung.

Doch erschien Gott in ihren Gebeten als fern, strafend und schweigend, sodass der Junge Angst vor einer Kontaktaufnahme mit ihm hatte. Verständlich. Aber: Inwiefern entspricht dieses Bild der Realität? Schaut man einmal in der Bibel nach, so wird einen erstaunen, wie Gott dort beschrieben wird:

„Darin ist erschienen die Liebe Gottes unter uns, dass Gott seinen eingebornen Sohn gesandt hat in die Welt, damit wir durch ihn leben sollen."

1. Johannes 4,9

Hier erscheint Gott als das genaue Gegenteil. Er kommt uns in Jesus ganz nah und schenkt uns mit ihm alles. Schon im Alten Testament weist Gottes Name darauf hin, dass er für uns sorgt: „Ich werde

sein, der ich sein werde" (2. Mose 3,14). Damit sagt er uns, dass er gestern, heute und morgen immer derselbe Gott ist. Er verändert sich nicht. Er ist immer für uns da. Er bleibt die fürsorgliche Konstante in unserem Leben. Vor einem solchen Gott brauchen wir uns nicht fürchten. Wir können ihm vertrauen. Auch wenn wir vieles nicht verstehen.

Ein Sonntag trägt nach kirchlicher Tradition den Namen „Rogate", das heißt: „Betet!" Er ist ein guter Anlass, die Angst vor einer Kontaktaufnahme mit Gott zu überwinden und es einfach einmal selbst zu probieren. Denn mit dem Beten ist es wie mit der Liebe: Man sollte nicht nur darüber reden, sondern es tun. Da können einige sachdienliche Hinweise nicht schaden. Und so erlaube ich mir, „Zehn Gebote über das Beten" aufzustellen:

1. Lass dir das Beten nicht befehlen, aber lass es dir auch nicht verbieten.

2. Mach dir das Beten zu einer festen Gewohnheit, damit du es nicht vergisst.

3. Bete nicht zu viel und zu lange, damit du nicht die Lust verlierst.

4. Bete gern, denn Gott liebt fröhliche Beter.

5. Bete gerade dann, wenn dir eigentlich nicht danach ist.

6. Sei ehrlich in deinem Gebet.

7. Erbitte nur das für dich selbst, was du auch allen anderen Menschen wünschen könntest.

8. Vergiss über dem Bitten das Danken und über dem Sprechen das Hören nicht.

9. Denke daran, dass gleichzeitig mit dir unzählige Menschen auf Erden ebenfalls beten.

10. Bete nur den einen Gott an, der allein deines Gebets würdig ist.

Pfingsten

Die Aufregung in der Nachbarschaft ist groß. Dieser Lärm am Sonntagnachmittag! Dieses Brüllen, Schreien, Trommeln und Klatschen, diese lauten E-Gitarren! Und dann kommt dieser Krach nicht einmal aus einer Kneipe, sondern aus einer ganz normalen evangelischen Kirche. Nur am Sonntagnachmittag ist hier nichts normal. Denn dann feiert eine schwarzafrikanische Pfingstlergemeinde hier ihren Gottesdienst, dass den Nachbarn angst und bange wird. Ist denen denn nichts heilig?

Doch, den Pfingstlern ist ihr Gottesdienst heilig. Gerade deshalb veranstalten sie solch einen Lärm. Ihr Gott ist lebendig. Darum wollen auch sie lebendig sein. Sie singen zu Gott und tanzen für ihn. Sie lachen und jubeln laut auf. Ebenso laut schreien sie ihm ihre Not zu, manchmal brüllen sie ihn sogar an – mit voll aufgedrehter Mikrofonanlage. Er muss sie einfach hören und ihre Bitten erfüllen: dem einen Gesundheit schenken, der anderen eine Aufenthaltsgenehmigung besorgen, einem anderen eine Unterkunft verschaffen.

Pfingsten ist von allen christlichen Festen das abstrakteste. Fünfzig Tage nach Ostern empfingen die Jünger den Heiligen Geist. Jesus war in den Himmel aufgefahren. Nun sollte dieser Geist ihn ersetzen. Heute erscheint er vielen als höchst nebulöse Größe. Er ist so schwer zu fassen. Aber bei den Pfingstlern wird er konkret, dass einem die Ohren davon dröhnen. In ihrer frommen Begeisterung wird er so gegenwärtig, dass es Beschwerden aus der Nachbarschaft hagelt. Pfingstler erleben weltweit einen unglaublichen Aufschwung. In der Dritten Welt stellen sie die größte christliche Gemeinschaft dar.

Wenn man als norddeutscher Protestant ihre Gottesdienste besucht, ist man zunächst befremdet und dann ein bisschen neidisch. Endlich einmal ein Gottesdienst, bei dem man nicht zur Ruhe, sondern in Bewegung kommt. Wo man nicht mit gefalteten Händen, gesenktem Kopf, gebeugten Schultern und eingefrorenen Lippen bloß dasitzt. Aber – leider, leider – so leicht springt der Funke nicht über. So spontan klappt das nicht mit dem Tanzen und Singen, Klatschen und Schreien. Wir sind eben anders. Es ist wie mit manchem der vielen neuen deutschen Gospelchöre. Man sieht das Bemühen. Aber irgendwie fehlt der „groove".

Jetzt könnte man wortreich beklagen, dass wir so „deutsch", so hüftsteif und verklemmt sind. Aber kulturelle Grenzen lassen sich eben nicht überspringen. Man kann nicht einfach so werden wie die Fremden. Doch man kann sich von ihnen einen Spiegel vorhalten lassen. In diesem Spiegel sieht man das, was einem fehlt. Aber auch das, was man selbst besitzt. Der Heilige Geist ist ein Baum, der sehr unterschiedliche Früchte trägt. Die heftige Frömmigkeit der Pfingstler ist nur eine von ihnen, wenn auch eine besonders auffällige.

Zum Glück gibt es noch zahlreiche andere Früchte des Heiligen Geistes. Zum Beispiel das Charisma der Nachdenklichkeit. Ein nachdenklicher Glaube geht Zweifelsfragen ehrlich nach und gibt differenzierte Antworten. Darin fördert er die Freiheit der Gläubigen. Diese Nachdenklichkeit ist das Charisma des aufgeklärten Protestan-tismus. Den Pfingstlern wäre das vielleicht zu intellektuell. Aber auch der Intellekt ist ein Ort, an dem der Heilige Geist sich aufhält. Die protestantische Nachdenklichkeit ist nichts, wofür man sich schämen müsste. Im Gegenteil, man sollte sie selbstbewusst demonstrieren, besonders an Pfingsten. Allerdings könnte dies etwas frischer und lauter geschehen als bisher üblich. Nur keine Scheu. Traut euch. Sollen die Nachbarn sich doch beschweren!

Heiraten

Sie wollen etwas ganz Besonderes? So einzigartig und unvergleichlich, dass es schon eine singulär spektakuläre Hochzeit sein muss? Was für ein Glück, dass Ihre Eventmanagerin das genauso sieht und so tolle Ideen hat. Nun gut, die Sache mit dem Jawort beim Bungee-Springen wäre schon etwas ausgelutscht. Und dass es bei Unterwassertrauungen mit dem Reden und Küssen nicht so funktioniert, ist irgendwie auch einzusehen. Noch schöner wäre es natürlich gewesen, wenn sich Ihre Knalleridee hätte verwirklichen lassen: eine Hochzeit mit Babybär im Eisbärenkäfig. Das wäre so süß gewesen und hätte auch farblich zum Brautkleid gepasst. Schade nur, dass Sie eine Tierhaarallergie haben. Nun sind Sie also wieder bei der Anfangsidee gelandet, in einer Kirche zu heiraten. Warum auch nicht? Ihre Eventmanagerin verhandelt ja gerade zeitgleich mit zehn Gemeinden. Unzählige grandiose Ideen hat sie jedenfalls auch dafür. Statt „Treulich geführt" könnte der Kantor auch „Ein schöner Tag" auf der Orgel spielen, diese wunderbare Hymne aus der Bier-Werbung. Oder wie wäre es mit einem Tango zum Altar? Man könnte auch hundert weiße Tauben in der Kirche fliegen lassen.

Dass Sie mit solchen Ideen für „Germany's Next Topwedding" die Gemeindesekretärin in den Wahnsinn treiben, muss Sie nicht bekümmern. Auch nicht, dass der Kantor seine Orgel abschließt und den Schlüssel in die Elbe wirft. Auch nicht, dass der Küster schon mal den Turmfalken holt, um die Tauben wieder aus der Kirche zu kriegen. Aber eines sollten Sie bedenken. Erfahrene Pastoren und Pfarrer sagen, dass zwischen der Inszenierung der Hochzeit und der Dauer der Ehe ein Zusammenhang besteht: Je überkandidelter die Trauung, umso kürzer die Ehe. Versuchen Sie also einmal etwas ganz Erstaunliches und Besonderes: Feiern Sie eine einfache, eine einfach schöne Hochzeit. Auf lange Sicht haben Sie mehr davon.

Kirchgang

Es gibt Zeiten, in denen wir ohne besonderen Anlass in die Kirche gehen. Das Kirchenjahr sieht nach dem Trinitatis-Fest bis zum Spätherbst keine größeren Ereignisse vor. Mit dem Trinitatis-Fest ist der traditionelle Festreigen abgeschlossen. Nun folgen 22 Sonntage „nach Trinitatis", in denen irgendwelche Festlichkeiten nicht zu vermelden wären. Kein Weihnachten, kein Ostern, keine Konfirmation. Kein Wunder, dass der Gottesdienstbesuch zurückgeht.

Die Kirchen werden wieder leerer. Man sollte aber nicht meinen, dass dies etwas Außergewöhnliches wäre. Es ist nämlich ein Gerücht, dass die Kirchen in der „guten alten Zeit" besser besucht gewesen wären. Überhaupt ist es schwer, genaue Aussagen über die Entwicklung des Gottesdienstbesuchs zu treffen. Denn statistische Daten gibt es erst seit den Fünfzigerjahren. Liest man Selbstzeugnisse von Pastoren und Pfarrern aus früheren Jahrhunderten, sieht man schnell, dass es schon früher manchen Anlass zur Klage gab – besonders in Hamburg. Denn die Hansestadt war im 19. und

20. Jahrhundert die unkirchlichste Stadt Deutschlands. Diese rote Laterne haben wir jedoch inzwischen an die ostdeutschen Großstädte weitergereicht.

Richtig gut war der Gottesdienst nur, als noch Kirchenzucht herrschte, der Pastor oder Pfarrer also die Anwesenheit seiner Gemeindeglieder kontrollierte. Dieses Zwangssystem löste sich im 18. Jahrhundert auf – eine gute Wirkung der Aufklärung. Der Gang in die Kirche sollte freiwillig sein, wie es auch dem protestantischen Selbstverständnis entspricht. Seit dieser Zeit gibt es also das, was Religionssoziologen „selektives Partizipationsverhalten" nennen. Auf Normaldeutsch: Man geht nicht in die Kirche, weil man muss, sondern wenn es einem gefällt. Man geht weniger, dafür aber gezielter: zu großen Festen und besonderen Anlässen. Deshalb sind

Pastoren, Pfarrer und Kantoren nun ständig dabei, sich etwas Spezielles für Gottesdienste auszudenken.

Manchmal aber kann es auch schön sein, ohne einen besonderen Grund zu einem Gottesdienst zu gehen. Einfach nur so und ohne etwas Außergewöhnliches zu erwarten. Wie schön das sein kann, hat der Hamburger Dichter Detlev von Liliencron vor etwa 150 Jahren in seinem Gedicht „Dorfkirche im Sommer" beschrieben:

„Schläfrig singt der Küster vor,
schläfrig singt auch die Gemeinde.
Auf der Kanzel der Pastor
betet still für seine Feinde.
Dann die Predigt, wunderbar,
eine Predigt ohnegleichen.
Die Baronin weint sogar
im Gestühl, dem wappenreichen.
Amen, Segen, Türen weit,
Orgelton und letzter Psalter.
Durch die Sommerherrlichkeit
schwirren Schwalben, flattern Falter."

Vieles hat sich im Vergleich zu diesem Gedicht aus der „guten alten Zeit" geändert. In unseren Stadtkirchen gibt es kein Sondergestühl mehr für Baroninnen und ihre Wappen. Alle sind gleich. Jeder sitzt, wo er mag. Ob die Predigten wunderbar und ohnegleichen sein werden und die Gottesdienstbesucher zu Tränen rühren werden, dafür können die Prediger jedoch nicht garantieren. Sagen wir lieber: Sie arbeiten dran. Und überhaupt, warum muss immer etwas Besonderes passieren? In einer Gesellschaft, die von einem „Event" zum nächsten hetzt, kann das Normale zur eigentlichen Überraschung werden. Kirchliche Routine kann da vom Zwang zum Außergewöhnlichen befreien und einen Raum jenseits unserer Räume eröffnen. Und bei näherer Betrachtung entpuppt sich dann das gottesdienstliche Einerlei als etwas sehr Erstaunliches. Wo sonst hätten Menschen die Chance, für ihre Feinde zu beten, wenn nicht in einem ganz normalen, christlichen Gottesdienst in einer Dorf- oder Stadtkirche mitten im Sommer?

Grillen

Hiermit erkläre ich die Grillsaison für beendet. Grillen ist schlecht. Grillen ist lästig. Es produziert unangenehme Gerüche und Unmengen an hässlichem Müll. Es verschmutzt die Luft. Man könnte sich all die aufwendigen und teuren Umweltschutzmaßnahmen wie Feinstaubfilter, Abgasuntersuchungen und Katalysatoren schenken, wenn man bloß das flächendeckende Sommergrillen sein ließe. Man könnte sich und anderen das ganze Gerede um Nachhaltigkeit und Bewahrung der Schöpfung ersparen, wenn man einfach auf diese Art der sommerlichen Nahrungszubereitung verzichtete. Ach ja, und nicht zu vergessen, Grillen macht dick. Also, alles hört auf mein Kommando, wenn ich rufe: „Abgrillen jetzt!"

Natürlich, natürlich weiß ich, dass es manchmal und in Maßen genossen schmackhaft, fröhlich und gemeinschaftsfördernd ist zu Aber dass der hypermoderne Mensch, der sonst den ganzen Tag topavanciert mit seinem Smartphone hantiert und mit seinem Kopf schon in der Cloud schwebt, immer noch wie automatisch auf das archaische Muster „Sonne – draußen – tote Tiere brutzeln" reagiert, ist irgendwie unwürdig. Ich hatte gehofft, dass uns die bisherige Menschheitsentwicklung etwas höher über den Neandertaler erhoben hätte.

Grillen ist zudem gar nicht nötig. Man könnte im Sommer auch einfach einmal nur so im Freien sitzen. Dazu sollte man sich ein Vorbild beim lieben Gott selbst nehmen. Was nämlich tat dieser am siebten Tag im Paradies, nachdem er Himmel und Erde geschaffen hatte? Ging er zur Tankstelle um die Ecke, um sich einen Einweggrill, eine Palette Bier und einen Haufen billiger Würstchen zu holen? Nein, all das tat er nicht, sondern er tat gar nichts, schaute nur still umher und sagte: „Es ist alles sehr gut."

Damit alles gut bleibt, müssen wir verzichten. Sonst hilft auch die schärfste Energiewende nichts. Verzichten geht am besten dann, wenn man einsieht: Weniger Konsum bereitet mehr und höheren Lebensgenuss. Das ist eine kostbare Einsicht. Wenn sie fehlt, muss man zu Verboten greifen. Wie wenig diese bewirken, ist im Sommer in vielen öffentlichen Parks – aber nicht nur dort – zu besichtigen.

Sommer

Pastor oder Pfarrer sein – das ist der allerschönste Beruf auf der ganzen weiten Welt, aber nur während der Sommerferien. Sonst ist es natürlich auch ein sinnvolles und wichtiges Amt, das ich viele Jahre innehatte, wenn auch manchmal mühsam zwischendurch. Aber im Sommer ist es einfach ganz wunderbar. Die anderen haben Ferien, sind ausgeflogen, man selbst hält einsam Wacht in der Gemeinde. Keine Sitzungen, keine Ausschüsse. Die vielen, vielen Abendtermine fallen flach. Was aber nicht heißt, dass man nichts zu tun hätte. Man kann aufräumen und in Ruhe planen, bedenken, was der Herbst bringen wird. Und, ach ja, ganz so weit ist Weihnachten auch nicht mehr weg. Darüber könnte man schon mal nachdenken. Oder ein Buch lesen, das heißt: ganz durchlesen. Dazu fehlt sonst die Muße. Dabei ist es außerordentlich wichtig, geistig regelmäßig nachzuladen, wenn man einen Beruf ausübt, indem man ständig etwas von sich geben muss. Zum Glück aber sind nicht alle verreist. So kann man im Sommer endlich ohne Hast die Gespräche führen, die sonst von den Alltagswichtigkeiten an den Rand gedrückt werden, und Seelsorge betreiben. Da weiß man dann wieder, warum man überhaupt Pastor beziehungsweise Pfarrer geworden ist.

Schön ist es auch, in den Sommerferien Gottesdienst zu feiern. Einfach nur so. Ganz ohne festliche Anlässe und Event-Brimborium. Solche Gottesdienste sind keine „Dienste", sondern Stunden reiner Muße vor Gott. Dafür und davon leben wir eigentlich. Dass weniger Menschen kommen als sonst, macht gar nichts. Wer kommt, wird schon der Richtige sein.

Wenn Sie im Sommer einmal Langeweile haben sollten, dann kommen Sie doch mal in den Gottesdienst und tanken Sie dort auf. Dann haben Sie nämlich einen guten geistigen Vorrat für das, was nach den Ferien auf Sie zukommt: den anstrengenden September, den durchmischten Oktober, den trüben November, den hektischen Dezember.

Gottesgabe

Wie groß und blau der Himmel ist, wie satt das Grün der Felder leuchtet – so eine Fahrt am frühen Samstag durch die sommerlichen Weiten Mecklenburgs beschert manche Eindrücke. Nachdem ich die Autobahn verlassen habe, schaltet mein morgenmüdes Bewusstsein von Autopilot wieder auf vollen Betriebsmodus, und ich stelle fest: Auch außerhalb Hamburgs kann es schön sein. Ich fahre durch Dörfer, deren Namen auf ein lang gezogenes „in" enden. Dazwi-

schen Felder und Wälder. Kein Betrieb nirgends. Der einzige, der lärmt, bin ich. Plötzlich huscht mir ein Wegweiser durch den rechten Augenwinkel: „Gottesgabe 1 Kilometer". Scharf geht eine Straße rechts ab, zu scharf für mich. Ich habe keine Zeit, muss noch zu einem Städtchen, dessen Name mit einem langen „un" schließt. Aber ich ärgere mich. Schöner Theologe, kommt an „Gottesgabe" vorbei und fährt weiter! Als ich mich zu Ende geärgert habe, frage ich mich, ob das eigentlich kurz oder

weit ist – ein Kilometer bis zur Gottesgabe? Ich gelange aber zu keinem Ergebnis.

Auf dem Rückweg am Nachmittag mache ich es besser. Ich halte an der Abfahrt, steige aus und fotografiere den theologisch wertvollen Wegweiser. Ganz hübsch, wie er da mitten im Mecklenburger Grün steht. Wäre da nicht hinter ihm diese Bushaltestelle aus alten Plattenbauteilen. Es gibt wenig, das mir so intensiv Trübsinn einbläst wie solche Haltestellen. Dann fahre ich eine enge Betonpiste entlang, bis mich nach einem Kilometer das Ortsschild begrüßt. Ich fahre in Gottesgabe ein. Doch da gibt es nichts. Außer: einem Stromkasten, drei Häusern hinter dichten Hecken, einer Rinderzuchtstation. Das war's. Kurz über-

lege ich, ob ich bei einem der Häuser klingeln sollte. Als diskreter Hanseat lasse ich das natürlich und setze ich mich wieder ins Auto. Auf der Rückfahrt beginne ich, mich auf allerlei zu freuen, was mich zu Hause erwartet. Was das ist, brauche ich hier nicht auszubreiten. Es ist privat. Aber nicht weniges davon hätte es durchaus verdient, mit dem Hinweisschild „Gottesgabe" versehen zu werden. Das würde mir auch helfen, mit angemessener Dankbarkeit durch mein Leben zu spazieren.

Merke: Nicht überall, wo Gottesgabe draufsteht, ist sie auch drin. Und wo so ein Schild fehlt, lohnt es sich trotzdem, gelegentlich genauer hinzuschauen.

„Und was machst du?“

Meistens eile ich durch den Tag, einigermaßen hektisch von einer Sache zur nächsten. Ich weiß selbst nicht genau, warum das so ist. Vor längerer Zeit, als ich noch als Pastor tätig war, wollte ich es einmal anders angehen. Ich hatte tatsächlich keine Eile. So schlenderte ich sehr rechtzeitig von meinem Pastorat zu meiner Kirche. Auf dem Weg traf ich Johnny, einen kleinen Freund. „Wohin gehst du?“, fragte er. „Zur Kirche“, antwortete ich. „Machst du da Pastor?“ Ich stutzte, dann sagte ich: „Ja, da mache ich wohl Pastor.“ Dabei war es ein Nachmittag mitten in der Woche, und kein Gottesdienst stand an. „Und was machst du?“, fragte ich. „Ich gehe schwimmen“, freute sich Johnny. Dazu hätte ich auch Lust gehabt. Ich wünschte ihm viel Spaß und ging weiter. Aber er rief mir noch einmal hinterher: „Machst du jetzt wirklich Pastor?“ Während ich weiterging, fragte ich mich, was ich eigentlich mache, wenn ich Pastor mache. Bevor ich zu einem Ergebnis kam, traf ich beim Altpapiercontainer einen Nachbarn, der mir stets der ausgeglichenste Pensionär der Welt zu sein scheint. Da ich es, wie gesagt, nicht eilig hatte, fragte ich ihn nach dem Geheimnis seines Glücks. Er erzählte mir, wie er sich auf den Ruhestand vorbereitet hatte: Eine Woche lang hatte er sich allein auf's Land verzogen, nachgedacht und alles aufgeschrieben, was ihn beruflich umgetrieben hatte und was er in der zukünftigen freien Zeit tun wollte.

Wenn er heute einmal nicht wüsste, was er machen sollte, würde er einfach die alte Liste hervorholen. Ich hoffe, dass ich mich an diese Methode erinnere, wenn es bei mir so weit ist.

Dann hatte ich eine Besprechung. Die war in Ordnung, doch so richtig weiß ich nicht, ob ich dabei Pastor gemacht habe. Anschließend ging ich zur nächsten Bäckerei. Eigentlich wollte ich mir nur ein schnelles Brötchen holen. Aber ich traf dort eine alte Freundin. Vor fast genau einem Jahr, erzählte sie mir, war es gewesen, dass sie ihre schreckliche Diagnose erhalten hatte. Eine extreme Krankengeschichte hatte sich angeschlossen. Jetzt stand sie vor mir. Also bestellten wir uns einen ausgeruhten Kaffee mit Kuchen und feierten nachträglich ihr neues Leben. Als ich schließlich nach Hause ging, dachte ich mir: Ich sollte häufiger Pastor machen.

Laubpuster

Einmal im Jahr würde ich meinen Mitmenschen gern zeigen, was eine Harke ist. Natürlich nicht mit aggressiv gerecktem Zeigefinger, sondern in der liebenswert-lebensdienlichen Art, für die man mich kennt und schätzt. Einmal im Jahr würde ich gern allen zeigen, was eine Harke ist. Und zwar im Herbst. Früher war dies eine goldene Zeit. Die Tage wurden kürzer, die Luft würziger. Eine zarte Dämmerung legte sich über das Gemüt. Satte, müde Dankbarkeit kam auf. Versonnen schaute das Auge in seliger Melancho-lie den Blättern zu. Wie sie sich ins Rote und Braune verfärbten. Wie sie schwer und schwerer wurden. Wie sie sich von ihren Ästen lösten, den Winden anvertrauten, schwebten, flogen, sanken, schließlich zu Boden fielen. Das war eine schöne Zeit der Stille und des Staunens, des Trauerns und Träumens, in der man in großer Ruhe den Schöpfungskreislauf von Werden, Vergehen und Neuwerden bedenken konnte.

So war es. So ist es nicht mehr. Denn inzwischen ist der Herbst die Jahreszeit der Laubpuster und Laubsauger geworden. Von morgens bis abends wüten und lärmen sie, jagen das Laub gewaltsam zu groben Haufen, die dann von wüst schlürfenden Laubsaugern verschlungen werden. Dass die städtische Straßenreinigung sich dieser Maschinen bedient, ist wohl nicht mehr rückgängig zu machen. Dass aber immer mehr Privatgärtner sich der akustischen Herbstschändung anschließen, ist betrüblich. Und natürlich auch schädlich. Wertvolle Treibstoffe werden unnütz verbraucht. Viel freundliches, nützliches Kleingetier kommt im tödlichen Getriebe um.

Dabei war die gute alte Harke doch so eine sinnreiche Erfindung. Sie ist günstig in der Anschaffung, tier- und klimafreundlich sowie auf eine fast vornehme Weise leise. Wer sich ihrer bedient, zeigt ganz beiläufig, dass er Verantwortung für die Schöpfung übernimmt und Ehrfurcht vor dem Leben empfindet. Zudem erspart das herbstliche Harken aufwendige Meditationskurse in Indien. Das rhythmische „Krtz-Krtz-Krtz" kann eine spirituelle Muße bescheren, für die man kein Buddhist sein muss. Auch deutsche Irgendwie-noch-ein-bisschen-Christen können sie genießen. Also, wenn die evangelische Kirche die Möglichkeit vorsehen würde, Handwerkszeuge heiligzusprechen (was natürlich nicht der Fall ist), wüsste ich schon, welches ich bei der zuständigen Stelle vorschlagen würde.

Slow Jogging

Es hat auch Vorteile, wenn man sehr langsam läuft. Aber natürlich überwiegen auf den ersten Blick die Nachteile. Wenn zum Beispiel ich mich schweren Schrittes um die Alster schleppe und alle – wirklich alle, sogar Vertreterinnen der reiferen Damenwelt – leicht federnden Schrittes an mir vorüberziehen, dann ist das in einer Weise beschämend, dass ich mich genötigt sehe, mein mühseliges Rundenziehen in die frühesten, weil noch dunklen Morgenstunden zu verlegen. Andererseits hat das altersbedingte Slow Jogging auch Vorteile. Wie etwa den, dass man beim Laufen in Ruhe die Umgebung beobachten kann. In regelmäßigen Abständen sehe ich zum Beispiel sie: die obdachlose Frau mit der Karawane. Ihre Gestalt erkenne ich inzwischen schon von fern, aber ihr Gesicht habe ich noch nie richtig gesehen, weil es unter Mützen und Kapuzen versteckt ist. Ihre Karawane besteht aus rund einem Dutzend Fahrzeugen:

Kinderwagen, Buggys, Einkaufswagen, Hackenporsches in einer langen Reihe. Sie sind vollgepackt mit fest verschnürten Plastiktüten. Damit zieht sie durch die Stadt. Und zwar so: Sie schiebt den ersten Kinderwagen dreißig, vierzig Meter nach vorn, geht zurück, holt den zweiten Buggy, geht zurück, greift sich dem dritten Einkaufswagen und so weiter. Irgendwann hat sie ihren Zug die besagte Strecke vorangebracht, dann hält sie kurz inne, verschnauft und nimmt den nächsten Abschnitt in Angriff. Doch da bin ich schon weg, so langsam ich auch laufe. Was treibt diese Frau an? Ist sie krank? Von Zwangsvorstellungen gebunden und in Zwangshandlungen gefesselt? Wie zäh und mühselig ist ihr Weg. Andererseits, was für eine starke Frau ist das. Schon so lange lebt sie so, zieht sie so durch die Stadt. Was muss sie an Kraft, Ausdauer und Geduld besitzen. Nicht einen einzigen ihrer Tage würdest du aushalten, denke ich mir, während ich weiterlaufe. Und während ihr Bild weiter in mir arbeitet, wird in mir die Frage laut, wie frei oder gebunden ich selbst eigentlich bin, was ich mit mir herumschleppe, welchen Zwängen ich gehorche und welcher Besitz mich bindet – Fragen, die zu stellen gar nicht so falsch sein kann.

Stille

Zum Glück gibt es das Statistische Bundesamt in Wiesbaden. Sonst wüssten wir nicht, wie viel die Deutschen beten. Durch intensive Befragungen wollen die Statistiker herausgefunden haben, dass die Bundesbürger dem Gebet jeden Tag vier Minuten widmen. Einmal abgesehen davon, was von solch einer Statistik zu halten ist und ob es sinnvoll ist, dass Umfrageexperten uns bis ins stille Kämmerlein verfolgen, ist dies ein erstaunlicher Befund. Vier Minuten Beten am Tag – das ist eine Menge! Wenn man bedenkt, wie viele gar nicht oder nur sehr eilig beten, müssen andere ein sehr ausgedehntes Gebetsleben pflegen. So unsinnig diese Statistik auch ist, gibt sie doch einen wichtigen Hinweis. Mehr Zeitgenossen beten, als man meinen würde. Nur reden sie nicht darüber. Weder mit ihrer Familie noch mit ihren Freunden oder Kollegen. Aber sie tun es – heimlich, still und leise.

Vier Minuten: Was für Gebete werden das sein? Darüber gibt das Statistische Bundesamt leider keine Auskunft. Aber vermutlich beten Menschen heute immer noch aus dem Grund, aus dem sie seit jeher gebetet haben. Sie wenden sich an Gott, weil sie etwas brauchen. „Beten" kommt von „bitten". Mit dem Bittgebet hat alles angefangen. Die frühesten Gebete der Religionsgeschichte scheinen spontane Stoßseufzer, Schreie um Hilfe gewesen zu sein. Ihre Anlässe waren konkrete Bedrohungen: eine Dürre oder Flut, eine Hungersnot oder Seuche, ein Sturm oder ein Feind. Dieses Notbeten war verknüpft mit starken Gefühlen wie Angst, Zorn, Hass, Kummer und Sorge. In ihm zeigte sich, wie bedroht der Mensch, aber auch wie stark sein Lebenswille ist.

Die Deutschen leben heute ganz anders als die Menschen der Urzeit. Sie sind besser versorgt und abgesichert. Aber auch ihr Leben ist voller Sorgen. Darum wird auch für sie der Stoßseufzer die naheliegendste Form des Betens sein: auf dem Weg zur Prüfung, zum Konfliktgespräch, zur Bank, zum Scheidungsanwalt, zum Arzt, zum Amt. Deshalb heißt „beten" vor allem „bitten". Und in diesem Bitten liegt eine große Seelenkraft. Wer bittet, findet sich nicht ab mit seinem Schicksal, er streckt sich aus nach einer anderen Welt und einer höheren Macht, er löst sich vom Diesseits und sucht nach Gott.

„Not lehrt beten." Dagegen ist wenig zu sagen. Schade wäre es nur, wenn es dabei bliebe. Denn das Bittgebet hat seine Grenzen. Zum einen weil es so selbstbezüglich ist. Der Satiriker Ambrose Bierce hat es auf den Punkt gebracht: „Beten ist das Verlangen, dass die Gesetze des Universums zu Gunsten eines einzelnen Bittstellers aufgehoben werden, der selbst bekennt, unwürdig zu sein." In der Tat, es gibt Betende, die meinen, die ganze Welt müsste sich um sie drehen. Zum anderen aber macht ein egoistisches Bittgebet Gott zum Instrument der eigenen Bedürfnisbefriedigung. Als ob das Gebet eine Wunschmaschine wäre, bei der man vorn seine Bitten einführt, damit hinten ihre Erfüllung herauskommt. Das ist nicht nur unfromm: Es funktioniert auch nicht. Bei Gebeten, die auf einen direkten Nutzen zielen, ist die Enttäuschung vorprogrammiert. Jeder hat das selbst erlebt, dass er etwas erbeten hat und es wurde ihm nicht gewährt. Was aber ist dann der Nutzen eines Gebets?

Ob es „gelingt", hängt nicht davon ab, ob sich all unsere Bitten erfüllen. Das eigentlich erhörte Gebet ist das Gebet, bei dem ich spüre, dass ich gehört werde, bei dem ich fühle, dass ich nicht ins Leere rede, sondern Gott sein Gesicht mir zuneigt, mir zuhört und antwortet. Darin liegt das wahre Geheimnis des Betens: Indem ich Gott um das bitte, was er selbst auch will, klingt mein Wille mit seinem zusammen. Das ist beglückend, aber auch schwer. Die dritte Bitte des Vaterunsers lautet: „Dein Wille geschehe". Welcher Mensch, dem gerade ein Unglück zugestoßen ist, kann sie ohne zu stocken nachsprechen? Oft genug möchte man Gott entgegenhalten: „Nein, nicht Dein Wille, sondern meiner geschehe, bitte!" Dennoch liegt genau darin der Sinn des christlichen Bittens, dass unser Wille mit dem Willen Gottes eins wird, dass wir ihm gegenüber nicht fremde Bittsteller bleiben, die um Almosen betteln, sondern seine Freunde werden, die mit ihm einverstanden sind. Ein solches Gebet ist gut für uns selbst. In ihm nehmen wir Abschied von uns und unserem beschränkten Willen, um uns vor Gott neu zu finden. Ein solches Gebet ist wie eine Axt, mit der wir das gefrorene Meer in uns aufbrechen. In solch einem Gebet lernen wir zuallererst, worum wir eigentlich bitten sollten.

„Beten" heißt aber nicht nur „bitten", sondern auch „loben" und „danken", bewusst annehmen, was wir haben: Leib und Seele, Arbeit und Gesundheit, Kind und Kegel, Sonne und Regen – eigentlich ein herrliches Leben. Die Grundform des Betens sollte deshalb nicht allein der Stoßseufzer, sondern auch der Stoßjauchzer sein. Oder wie Lessing meinte:

„Ein einziger dankbarer Gedanke gen Himmel ist das vollkommenste Gebet."

Und schließlich sollte man beim Beten das Hören nicht vergessen. Es tut gut, der eigenen Zunge eine Pause zu gönnen und zu lauschen, ob aus dem Hallraum des Gebets die Ahnung einer Antwort erklingt. Gott antwortet uns. Dafür muss man warten können, manchmal sehr lange. Man muss die Stille aushalten, aber auch genießen können. In diesem Sinne heißt „beten" nichts anderes als „wahrhaft zur Besinnung kommen". Das kann man eigentlich gar nicht oft genug tun. Es müssen ja nicht gleich vier Minuten täglich sein.

Halloween

Ein nicht geringer Vorteil, den es mit sich bringt, in einem Pastorat oder Pfarramt zu wohnen, zeigt sich jedes Jahr am Abend des 31. Oktober: An Halloween muss der Pastor oder Pfarrer viel seltener an die Haustür als seine Nachbarn. Um die religiöse Elementarbildung ist es hierzulande nicht mehr gut bestellt, dennoch wissen viele Kinder noch, dass Halloween kein kirchliches Fest ist und es folglich im Pastorat oder Pfarramt wenig zu holen gibt. Nun kann man geteilter Meinung über dieses neue Kindervolksfest sein, das uns die Spielzeug- und Süßigkeitenindustrie aus den USA nach Deutschland gebracht hat. Andererseits gibt es bekanntlich fast nichts, dem man nicht einen theologischen Hintersinn abgewinnen könnte.

Den Katholiken müsste dies mit Halloween eigentlich leichtfallen. Denn dies ist der Vorabend von Allerheiligen. Am 1. November gedenken Katholiken der Gemeinschaft mit allen, bekannten und unbekannten, Heiligen, die vor Gott Fürbitte halten – eine für viele tröstliche Vorstellung. Am 2. November aber folgt Allerseelen, wo der Seelen im Fegefeuer gedacht wird. So ergibt sich aus Allerheiligen und Allerseelen eine Spannung aus Hoffnung und Furcht, die den christlichen Glauben grundsätzlich auszeichnet. Den Kindervers „Süßes oder Saures" könnte man als ein fernes Echo darauf hören.

Auch für Protestanten gibt es einen Ausgangspunkt zu einer theologischen Deutung. Das neudeutsche Halloween fällt auf den guten alten Reformationstag. Hier wird der Theologie und Kirchenreform Martin

Luthers gedacht. Oft wird der Reformator dabei als ein Begründer neuzeitlicher Gewissensfreiheit und moderner Christlichkeit gefeiert. Das war er auch, aber nicht nur. Er hatte auch seine dunklen, „mittelalterlichen" Seiten, litt unter der Furcht vor Gott und der Angst vor dem Teufel. Das ist vielen heute fremd. Aber wir Protestanten haben etwas zu oft Lieder wie „Herr, deine Liebe" oder „Danke für diesen guten Morgen" gesungen, sodass wir fast vergessen haben, dass der christliche Glaube auch seine Abgründe hat. Diese sollte man nicht überbetonen, aber sie haben einen Sinn. Zeigen sie doch, dass der Glaube keine Harmlosigkeit ist, sondern dass es in der Ehrfurcht vor Gott auch um Furcht und Zittern geht. Daran könnte uns ein Besuch fröhlicher Gruselkinder aus der Nachbarschaft am Reformationstag erinnern.

Papst

Vor einiger Zeit hatte ich eine Audienz beim Papst in Rom. Das hat mir gut gefallen. Der Papst war zugewandt und freundlich, drängte sich aber nicht auf. Das ist ja eine Herausforderung, das Gleichgewicht zwischen Würde und Menschlichkeit zu finden. Der Papst sprach konzentriert und ernsthaft – über die Aufgaben der Kirche heute. Was er zu sagen hatte, begründete er mit durchdachten Argumenten sowie hilfreichen Hinweisen auf die biblische und christliche Tradition. Aber er führte kein theologisches Expertenwissen vor, das andere mundtot macht, sondern brachte Argumente, über die man diskutieren konnte. Dabei scheute er sich nicht, zu einem aktuell bedrängenden Thema eine klare und für manche bestimmt kontroverse Stellung zu beziehen: Die Situation der Flüchtlinge vor den vielen Grenzen Europas, auf dem großen Mittelmeer und in Europa selbst sei ein unhaltbarer Zustand, und alle, die sich für diese Menschen einsetzten, hätten seine

volle Solidarität. Damit es aber nicht allzu würdig, ernst, theologisch oder problematisch wurde, würzte er seine Aussagen immer wieder mit Humor und Selbstironie, ganz unaufdringlich und ohne aufgesetzte Lustigkeit.

Ich musste noch länger über meine Audienz beim Papst nachdenken. So, wie der Papst mir begegnet war, hatte er das Bild eines guten Pastors oder Pfarrers abgegeben. Eine Definition fiel mir ein, die ein von mir sehr geschätzter Theologe vor etwa 250 Jahren verfasst hatte. Johann Joachim Spalding war im 18. Jahrhundert einer der wichtigen evangelischer Theologen gewesen, die gezeigt hatten, dass Christentum und Aufklärung durchaus zusammengehen können. Auf die Frage, was einen guten Prediger ausmache, hatte er nur geantwortet: Er solle „ein ehrlicher, weiser, heiterer, menschenfreundlicher Mann" sein. Das sind vier Adjektive, die es in sich haben: ein Pastor oder Pfarrer, egal, ob Papst oder nicht, soll nicht verlogen, sondern ehrlich, nicht überschlau, sondern weise, nicht düster, sondern heiter, nicht niederdrückend, sondern freundlich sein. Ob der Papst je etwas von diesem Spalding gehört hat, würde ich bezweifeln. Aber so wie er sprach und wirkte, entsprach ganz dessen Vorgaben. Und das, so glaube ich, fand nicht nur ich so. Das empfanden die etwa 20.000 Menschen, die dieser öffentlichen Audienz auf dem Petersplatz beiwohnten, sicherlich ebenso.

A p p

An dieser Stelle möchte ich einmal den Fortschritt loben. Denn groß ist die Fülle seiner Werke. Zum Beispiel diese App, die mir ein ansonsten übertriebener Spiritualität unverdächtiger Mitmensch mit ergriffen leuchtenden Augen vorgeführt hat: die Achtsamkeit-App. Als vielstbeschäftigter, unablässig global herumdüsender Dauerarbeiter hat er sie sich auf sein brandneues Schlaubergertelefon geladen. Begeistert stellt er mir vor, wie man sich von ihr durch größere und kleinere Meditationen führen lassen kann. Bevor ich ihn fragen kann, wie denn eine Meditation gelingen und eine ganz andere Art von Erlebnis bieten kann, wenn er dabei ständig auf den kleinen, bunten Bildschirm schaut – was er doch sowieso schon die ganze Zeit tut – oder einer Automatenstimme lauscht, fügt er entschuldigend hinzu, dass ihm für solche Übungen natürlich leider, leider die Zeit fehle. Immerhin diese eine Funktion würde er regelmäßig nutzen: Immer, wenn er nach Hause komme, spätabends oder nachts von irgendwo-sehr-weit-her, erhalte er von seiner App das Signal „Jetzt bist du zu Hause", verbunden mit zarten Achtsamkeitsbefehlen wie „Atme ein und aus" oder „Spüre die knarzenden Holzdielen unter deinen Fußsohlen" oder „Komm jetzt an bei dir selbst". Da staune ich wieder einmal darüber, was Menschen so brauchen können.

Einleuchtender, was den Nutzwert angeht, wenn auch nicht ganz so spirituell, achtsam und sanftpfötig erscheint mir folgendes Konkurrenzangebot: die Split-App. Sie hilft Menschen, die sich gerade getrennt oder schwer gestritten haben, dabei, sich nicht mehr über den Weg zu laufen. Wer dem bösen Vorgesetzten oder der Ex-Geliebten nicht mehr begegnen will, erhält rechtzeitig ein Signal, wenn diese Unperson einem auf der Straße entgegenkommt oder in dem Restaurant sitzt, das man gerade auch aufsuchen will. Aber so plausibel die Grundidee dieses „antisozialen Netzwerkes" auch ist, ihre Umsetzung dürfte schwierig sein. Denn man müsste mit dem Ex-Mitmenschen vereinbaren, wie man die jeweiligen Bewegungsdaten austauscht – was ein ziemlich großer Vertrauensbeweis wäre. Und wenn man so weit wäre, dann könnte man sich eigentlich auch gleich wieder miteinander vertragen.

Friedhof

Manche mögen es für eine morbide Marotte halten, regelmäßig Friedhöfe zu besuchen – gern und einfach nur so. Dabei sprechen gute Gründe für diese Angewohnheit: Wie es um das Leben eines Ortes bestellt ist, erkennt man nicht zuletzt daran, wie man dort mit den Toten umgeht. Ob man ihr Angedenken pflegt, ihnen einen schönen Platz schenkt, sie besucht, sich bei ihnen trifft – das ist kein schlechter Indikator für die Menschlichkeit eines Ortes. Auch seine verborgenen Eigentümlichkeiten – seine Vorstellungen von Hoffnung, Schönheit, Würde und Ordnung – werden hier offenbar. Letzteres gilt besonders für Deutschland mit seinen peinlich genauen Bestattungsrichtlinien.

Auf den historischen Friedhöfen in Paris kann man stundenlang an monumentalen Mausoleen, flamboyanten Obelisken und prunkvollen Skulpturen entlangflanieren, sie bewundern oder sich auch darüber wundern, warum damals die Prestigesucht der Reichen so weit über den Tod hinausreichte – und heute nicht mehr. Wer Berlin besucht, kommt der Geschichte dieser zerrissenen Metropole am besten auf den vielen kleinen Friedhöfen auf die Spur. Besonders den Invalidenfriedhof sollte er nicht versäumen. Hier ruhten liberale Geister neben NS-Granden, bis das DDR-Regime seine Mauer mitten durch den Friedhof schlug. Heute wächst er wieder zusammen – langsam, so wie die ganze Stadt. Wenn man in die Alpen oder nach Südeuropa reist, findet man überall anrührende Kleinfriedhöfe in der Mitte des Dorfes, gleich neben der Kirche. Hier liegen die Toten dicht beieinander, in Reih und Glied. Von den Grabsteinen schauen einen auf Keramik gezogene Fotoporträts stumm und dunkel an. Das kennt man bei uns Protestanten nicht, auch nicht die ewigen Lichter und Weihwasserbehälter. Das ist schade, denn wer Kerzen anzündet oder Segenswasser auf Stein und Boden sprengt, kann aus ganz handgreiflicher Grabpflege ein Gebet werden lassen – für die Toten und für sich selbst.

Der schönste Friedhof aber befindet sich in Hamburg. Jedenfalls wenn man Samuel Beckett folgt, der in Sachen Endlichkeit und Trauer ein Kenner gewesen ist. Es ist der Ohlsdorfer Friedhof – der größte Parkfriedhof der Welt. Ich habe immer den Eindruck, dass er das ganze Jahr über grün ist. Auch das ist ein sinnhaftes Symbol: der Friedhof als weiter, fruchtbarer Garten. Er ist eben keine Wüste. Der Friedhof lebt.

Tattoos

Zu allen möglichen hoch- und mittelwichtigen Fragen des modernen Lebens veröffentlichen die Kirchen regelmäßig ihre Lehrmeinungen. Nur zu einem zumindest auffälligen Phänomen gibt es keine Denkschrift oder Handreichung: dem Tätowieren. Warum schweigt die Kirche hierzu? Weil jede Äußerung darüber schnell ins uncharmant Mieskirchliche kippt? Weil es sich um eine Privatsache handelt? Dabei ist das Tätowieren im Sommer durchaus eine öffentliche Angelegenheit, der man kaum entgehen kann, weshalb man sich sehr wohl seine Gedanken darüber machen darf. So kann man sich wundern, wie aus einem Kulturgut der Polynesier und anderer Naturvölker eine nordeuropäische Massenware, wie aus einem Stigma für Strafgefangene eine Mode für Angestellte werden konnte. Und man mag sich fragen, welchen Sinn diese Tattoos haben. In meiner Jugend (irgendwann im vergangenen Jahrtausend) steckten sich die Menschen in Gestalt von Buttons ihre Meinungen an die Jacke, damit alle wussten, wozu sie höflich-bestimmt „Nein, danke" sagen würden. Aber was wollen die heute gängigen Tattoos sagen? Oder sollen sie gar nichts mitteilen, sondern nur den Körper schmücken? Ein Problem ist jedoch, dass dieser Schmuck nicht wirklich nachhaltig ist. Beim Anblick so manchen vor sich hinwelkenden Leibesgeblüms kommt einem unwillkürlich Friedrich Hebbels trauriger Vers in den Sinn: „Ich sah des Sommers letzte Rose stehn." Wäre es nicht empfehlenswert, so lange mit dem Ritzen zu warten, bis eine geschmackvoll mitalternde Tätowierkunst erfunden worden ist, und sich bis dahin an biblische Verse zu halten wie diesen: „Ihr dürft euch kein Zeichen einritzen lassen"? Doch da wären wir wieder bei dieser uncharmanten Miesekirchlichkeit. Um sie zu vermeiden, sollte man sich daran erinnern, dass es eine christliche Tattoo-Tradition gab. Bevor Papst Hadrian I. es im Jahr 787 n. Chr. auf dem Konzil von Calcuth in Northumberland verbot, ließen sich nicht wenige der frühen Christen allerlei Zeichen einritzen: kein Geweih natürlich, sondern die Initialen Christi, ein

Lamm, ein Kreuz oder einen Fisch. Es wird sogar vermutet, dass Paulus tätowiert war. Denn im Brief an die Galater schrieb er: „Ich trage die Zeichen Jesu an meinem Leibe". Wie gut, dass sich diese Zeichen nicht erhalten haben. Ich wäre sonst fast versucht, mich tätowieren zu lassen.

Transparenz

Bis vor Kurzem war es ein Fremdwort, jetzt führt es jeder im Munde: die „Transparenz". Mehr, mehr davon, rufen allerlei kleine und große Häwelmänner – Politiker und Journalisten, Verbraucherschützer und Konzernchefs. Ich weiß nicht recht. Wenn die unterschiedlichsten Leute dasselbe wollen, regt sich bei mir Unbehagen. „Transparenz" bedeutet „Durchsichtigkeit". Es sollen also alle bei allem den Durchblick haben. Natürlich, als Bürger will ich wissen, wen ich wähle. Als Konsument hätte ich gern einen verlässlichen Eindruck davon, was ich verzehre. Wenn es um Recht und Unrecht geht, müssen Abgründe ausgeleuchtet werden. Doch dann hört es bei mir auch schon auf. Wenn ich die täglichen Informationsangebote betrachte, muss ich gestehen, dass es viel mehr Dinge gibt, die ich gar nicht wissen will, als umgekehrt. Und ich habe nicht das Gefühl, dass mir etwas fehlte. Um wichtige Entscheidungen zu treffen, kommt es nicht darauf an, dass man alle,

sondern nur dass man die wesentlichen Informationen hat. So gibt es kein besseres Mittel, um die Leute in die Irre zu führen, als sie mit Informationen zuzuschütten.

Mich erinnern die heutigen Transparenz-Apostel an die alten Calvinisten in den Niederlanden, bei denen Gardinen verpönt waren. Wer als glaubensstreng und sittenrein gelten wollte, hängte keinen Stoff vor seine Fenster. Dabei ist das Verhüllen und Verbergen manchmal doch ganz schön, ja lebensnotwendig. Es zeigt, dass es Dinge gibt, die andere nichts angehen, weil sie privat sind. Sie neugierigen Blicken mithilfe eines blickdichten Vorhangs zu entziehen, ist nichts weniger als ein Menschenrecht. Um einmal konkret und ganz furchtbar politisch zu werden: Von einem Bundespräsidenten wünsche ich mir vor allem eines, nämlich dass ich von ihm nur Amtliches erfahre, von seinen Dienstreisen und Dienstreden höre, aber sonst nichts, vor allem nichts Privates. Nichts über seine Hobbys, seine Familie, seine Ferien und Freunde, was er gern isst und wie er sich die Zähne putzt. In all diesen Dingen wäre mir strikte Intransparenz das Liebste. Und der gegenwärtig allzu modischen „Transparenz" möchte ich ein anderes, leider fast vergessenes Fremdwort entgegenstellen. Es heißt „Diskretion".

Krippe

Als ich fünf Jahre alt war, diktierte ich meiner Mutter einen langen Wunschzettel. Ich wünschte mir ein richtiges Rennauto der Formel 1, natürlich mit Sturzhelm, dazu ein Gokart sowie eine vollelektrische Ritterburg, die so groß sein sollte wie unser Haus, dann noch einen echten, lebendigen Zirkusdirektor und schließlich ein Paar rote Gummistiefel für meinen Teddy.

Eines Tages hatte ich selbst kleine Kinder. Ihre Wünsche kannten noch keine Grenze. Ihre Sehnsucht war überschwänglich. Weihnachten war die Zeit, in der sie ihrer Wunschfantasie freien Lauf ließen.

Was immer ihnen in den unverbrauchten Sinn kam, wurde gleich herausposaunt oder den Eltern in die Feder diktiert. Pädagogisch verantwortungsvolle Menschen legen da schnell ihre Stirn in Sorgenfalten, mahnen zur Zurückhaltung oder beklagen die Werbung der Spielzeugindustrie, die diese wilde Wünscherei weiter anheizt. Dabei ist es doch nur ein Spiel. Und wie jedes Kinderspiel hat es sein tieferes Recht.

Nun wird aber jedes Kind schnell die Erfahrung machen, dass nur ein Bruchteil seiner Wünsche in Erfüllung geht. Manchmal wird sogar kein einziger erfüllt. Dann liegt etwas anderes auf dem Gabentisch: kleiner, unscheinbarer, erschwinglicher und vernünftiger. Aber es hat den Vorteil, real zu sein. Man kann es anfassen, und es gehört wirklich einem selbst. Zudem zeigt es, dass sich die Eltern eigene Gedanken darüber gemacht haben, was einem fehlt oder eine Freude macht. Schon früh erlebt man also, dass Wünsche unerfüllt bleiben. Das muss aber nicht notwendig eine Enttäuschung sein. Denn manchmal stellt sich stattdessen etwas anderes ein: eine Überraschung, die eine Freude schenkt, die man sich nicht hätte träumen lassen.

So ist es auch mit Weihnachten. Man erwartet sich so viel davon – nicht nur als kleines Kind, sondern auch als Erwachsener. Weihnachten soll das Fest sein, an dem alle Träume wahr werden. Aber Weihnachten ist keine Wunscherfüllungsmaschine. Es erfüllt Wünsche, indem es sie durchkreuzt und übersteigt.

Die Bibel hat nicht überliefert, mit welchen Wünschen die Hirten aufgebrochen sind. Was genau hatten sie im Sinn, als sie sich auf den Weg zum Stall von Bethlehem machten? Eine große Erwartung muss sie angetrieben haben. Von Engelsstimmen war ihnen die Erfüllung all ihrer Bedürfnisse verheißen worden: Friede auf Erden, Freundschaft zwischen allen Menschen, Versöhnung mit Gott. So folgen sie dem hohen hellen Sehnsuchtsstern.

Doch das Kind, das sie finden, entspricht ihren Wunschträumen keineswegs. Der heiß und lang ersehnte Heilsbringer ist gar nicht so, wie sie ihn sich vorgestellt hatten: kein strahlender Held, kein mächtiger Krieger, kein herrlicher König. Es ist ein Kind armer Leute, ein obdachloser Säugling – in Windeln gewickelt in einer Krippe liegend. Und dennoch geht von ihm ein Strahlen aus, das alle Finsternis durchbricht. In ihm ist Gott Mensch geworden. In ihm kommt Gottes Reich auf die Erde und macht die Menschen reich. Was mehr könnte man sich wünschen? Die Hirten jedenfalls sind mit vollem Herzen von der Krippe aufgebrochen und haben die frohe Botschaft in die weite Welt getragen.

Am Heiligabend kommen viele Kinder in unsere Kirchen, um diese Geschichte nachzuspielen. Sie laufen als Hirten nach Bethlehem und kommen in den Stall. Dort erwarten sie schon Maria und Josef, glücklich und müde wie alle Eltern nach einer gesunden Geburt. Zwischen ihnen steht die Krippe, der Gabentisch Gottes. Die Hirten-Kinder knien ehrfürchtig davor nieder, zugleich aber schauen sie neugierig hinein. Ebenso machen die zuschauenden Kinder ihre Hälse lang und länger oder kommen gleich nach vorn, um nachzusehen, was in der Krippe liegt. Sie scheinen etwas davon zu spüren, dass hier der Schlüssel zu all ihren Weihnachtswünschen liegt: ein Abbild des Christuskindes, welches das Geheimnis der Welt und die überraschende Erfüllung all unserer Wünsche ist.

Übrigens, ein Wunsch ist mir damals erfüllt worden. Meine Eltern konnten mir zwar weder ein Rennauto, eine elektrische Ritterburg noch einen Zirkusdirektor beschaffen. Aber auf meinem Gabentisch lagen rote Gummistiefel für meinen Teddy. Die konnte ich gut gebrauchen. Denn jetzt konnte ich auch bei schlechtem Wetter mit ihm rausgehen. Ich habe sie heute noch.

Weihnachtsbaum

Große Menschheitsdramen entzünden sich oft an kleinen Fragen. Zum Beispiel dieser: Wie lange soll der Weihnachtsbaum stehen bleiben? Wie viele Kinder haben dicke Tränen geweint, weil plötzlich der Baum weg war! Wie viele Ehen sind daran zerbrochen, dass bei der Frau der Reinigungstrieb schneller über die Weihnachtsfreude obsiegte als beim Mann! Es ist also eine gewichtige Frage, wann der Zeitpunkt gekommen ist, den Baum aus dem Haus zu schaffen. Tut man es zu früh, vertreibt man den feierfreudigen Teil der Familie zur Unzeit aus dem Paradies. Tut man es zu spät, entwickelt der nüchternere Teil eine Weihnachtsallergie.

Es ist also ratsam, sich rechtzeitig über diese Schicksalsfrage zu verständigen. Und es empfiehlt sich, dies in einem breit angelegten Beteiligungsprozess zu tun. Denn wenn nur ein Familienoberhaupt eine unabgestimmte Entscheidung fällt, kann dies böse Folgen zeitigen. Es soll schon vorgekommen sein, dass wilde Wutkinder sich an den geliebten Baum angekettet haben, derweil die aufräumlustige Mutter in den Keller stieg, um die Kettensäge zu holen. So weit darf man es nicht kommen lassen. Nachher muss man gar einen Mediator herbeirufen. Dabei war man doch so froh, dass die Weihnachtsbesuche endlich wieder abgereist waren.

Sinnvoll ist es schließlich, einen theologischen Fachmann heranzuziehen. Und zwar mich. Meiner Meinung nach leidet unsere Festkultur an Kurzatmigkeit. Weihnachten braucht nicht nur einen Vorlauf – den Advent als Zeit der ruhigen Einstim-

mung. Es braucht auch eine Zeit danach, um die Freude ausklingen zu lassen. Für viele ist der 24. Dezember leider Höhe- und Endpunkt zugleich. Das liegt an unserer Konsumkultur, die Event an Event klatscht. Das familiäre Weihnachtszimmer jedoch ist keine Kaufhausauslage, die sofort nach Heiligabend umdekoriert werden muss, sondern ein Ort, an dem ein Fest nicht konsumiert, sondern genossen wird.

Und dafür braucht es Zeit. Also, wenn man mich fragt: Lasst den Baum bis Mariä Lichtmess, also bis zum 2. Februar, stehen, denn so lange dauert nach guter alter kirchlicher Sitte das Weihnachtsfest. Mal sehen, ob ich mich mit dieser Meinung zu Hause oder in meiner Kirchengemeinde durchsetzen kann.

Geschenke

Die Menschheit lässt sich in zwei Gruppen aufteilen, deren Gegensätzlichkeit gerade nach Weihnachten offenkundig wird: die Wegwerfer und die Aufbewahrer. Ich gestehe, dass ich zu den Wegwerfern gehöre. Diese stehen in keinem guten Ansehen, neigen sie doch dazu, pietätlos das zu entsorgen, was ihnen eben erst liebevoll zugedacht wurde. Dabei hat das Wegwerfen einen guten Sinn. Wer wegwirft, bewahrt sich Freiheit, urteilt, wählt aus und schafft Freiraum für Neues. Damit will ich nicht sagen, dass die Aufbewahrer unfreie Wesen wären. Sie zeichnet eine besondere Fähigkeit zur Dankbarkeit aus. Indem sie ihr Geschenk in Ehren halten, bewahren sie den Schenker in ihrem Herzen.

Die Schwierigkeit, die rechte Mitte zwischen Aufbewahren und Wegwerfen zu treffen, zeigt sich besonders im Umgang mit Geschenken von Kindern. Was sie einem gemalt, gesägt, geknüpft oder getöpfert haben, ist kein Konsumgegenstand, den man gebrauchen könnte. Vielmehr zeigen sie einem in diesen Geschenken, wer sie sind und was sie vermögen. Sie schenken also sich selbst. Deshalb sind Kindergeschenke ein besonders schönes Echo auf das Weihnachtsgeschenk Gottes, der in Jesus Christus sich selbst allen Menschen geschenkt hat. Solche Selbstgeschenke darf man natürlich nicht unbesehen wegwerfen. Andererseits kann man nicht alles mit Kinderbasteleien vollstellen. Gelegentlich muss man etwas wegpacken. Schließlich ist es Kindern, wenn sie größer sind, unangenehm, wenn die Manifestationen ihrer frühkindlichen Phasen immer noch auf den elterlichen Präsentiertellern stehen.

Als ich das Haus meines verstorbenen Vaters aufräumen musste, stieß ich zu meiner Überraschung auch auf Geschenke, die ich ihm vor über vierzig Jahren gemacht hatte. Auf seinem Schreibtisch fand ich einen Behälter für Stifte – eine Laubsägearbeit, die man wirklich nur als unvollendetes Kunstwerk bezeichnen kann. Sie war auch so verstaubt, dass ich sie weggeworfen habe. Im Geschirrschrank entdeckte ich dann einen Eierbecher, den ich einmal getöpfert hatte. Er war fast unbenutzt, denn er war so wackelig geraten, dass man ihm aus Sicherheitsgründen kein Ei anvertrauen konnte. Ihn habe ich aufbewahrt. Er steht jetzt auf meiner Fensterbank, neben den letzten Weihnachtsgeschenken unserer Kinder.

Guter Vorsatz

Ich musste einmal, als ich noch Pastor war, ins ferne Tübingen reisen, was eine sehr lange Bahnfahrt nötig machte. Die öde Zeit wollte ich nutzen und mich auf einen hohen Besuch vorbereiten. Gemeinsam mit unserem Nachbarn, dem polnischen Generalkonsul, hatte ich den wunderbaren, hierzulande leider kaum bekannten Dichter Adam Zagajewski in die Hauptkirche St. Nikolai am Klosterstern eingeladen. Bei uns sollte er aus seinem neuen und – wie zu erwarten: natürlich – wunderbaren Lyrikband lesen. Ob da wohl jemand kommen wird, fragte ich mich bang. Die Leute lesen ja heute keine Gedichte mehr. Sie meinen wohl, sie kämen auch mit Schwedenkrimis durch's Leben. Zumindest wollte ich für die Lesung und das Gespräch gut vorbereitet sein. So saß ich im IC und las in Ruhe und Langsamkeit seine Gedichte. In Mannheim dann stolperte ein alter Mann ins Abteil, setzte sich seufzend neben mich und richtete die verrutschte Kippa auf seinem Kopf. Und dann tat er das, was ich auch immer mache: Er lunzte zu mir rüber, um herauszufinden, was ich wohl lese. Er lunzte und schielte, schließlich fragte er, was ich da läse. Gedichte, sagte ich. Zu meiner Überraschung kannte der alte Jude Adam Zagajewski – ihn und all die anderen großen polnischen Dichter. Ein selten schönes Gespräch begann. Irgendwann erzählte ich ihm von der Lesung und wie schade ich das doch fände: Wenn ich Polen den Namen „Zagajewski" nennen würde, ginge sofort ein helles Lächeln über ihr Gesicht. In Deutschland aber würden ihn nicht viele kennen. Was sagte mein Zugnachbar daraufhin? Er zog die Schultern hoch, breitete die Arme aus, machte ein leicht verdrießliches Gesicht und sagte nur: „Was sind schon viele?" Das sollte in diesem Jahr mein Mantra gegen den eigenen kirchlichen Quotendruck sein: Was sind schon viele? Es kommt darauf an, dass die Richtigen kommen.

Zur Lesung von Adam Zagajewski sind dann doch einige erschienen. Und wer sie verpasst hat, sollte sich seinen neuesten Band mit dem Titel „Unsichtbare Hand" besorgen. Das wäre ja nicht der schlechteste Vorsatz: Mehr Gedichte lesen!

Letzte Worte

Man soll nicht versuchen, das letzte Wort zu haben. Aber seine letzten Worte sollte man gut wählen. Dabei kann man sich kurz fassen. Der Philosoph Immanuel Kant, der so viele bedeutende und komplizierte Bücher geschrieben hatte, hat an seinem Lebensende nur gesagt: „Es reicht." Andere Ohrenzeugen wollen gehört haben: „Es ist gut." Beide Versionen sind klug gewählt und völlig ausreichend. Sie sind auch sympathischer als der Schlussseufzer des römischen Kaisers Nero: „Welch ein Künstler geht mit mir zugrunde!" Allerdings halten einige Gelehrte dies für eine Fälschung. Schriftlich belegt jedoch ist, dass Martin Luther an das Ende seines Lebens ein Demutsbekenntnis setzte: „Wir sind Bettler, das ist wahr." Anderen großen Geistern fiel zum Schluss nichts Bedeutendes mehr ein. „Schade, schade, zu spät!", sagte Ludwig van Beethoven, als die letzte Lieferung Wein ankam, die er nicht mehr würde genießen können. Und Bertold Brecht beschied seiner Tochter barsch: „Lasst mich in Ruhe." Das war kein schöner Abgang. Überraschend gut bekam es die französische Königin Marie Antoinette hin. „Mein Herr, ich bitte Sie um Verzeihung, ich tat es nicht mit Absicht", sagte sie ihrem Henker, dem sie beim Gang zur Guillotine auf den Fuß getreten war. Höflichkeit ist eben eine Tugend wahrer Königinnen. Am meisten aber berührt mich das letzte Wort der wunderbaren amerikanischen Dichterin Emily Dickinson: „Ich muss reingehen, der Nebel steigt auf."

Ich muss nun auch gehen. Aber ich scheide nicht von Ihnen, ohne mich vorher gebührend zu verabschieden. Gerne habe ich an dieser Stelle christliche Traditionen unter die Lupe genommen – nicht ganz ernst, nicht ganz unernst. Was sollen nun meine letzten Worte an Sie sein? Ich fasse mich kurz und halte mich an die hanseatische Weisheit: „In Hamburg sagt man Tschüs". Dabei kann ich es natürlich nicht lassen, meine durchsäkularisierten Leserinnen und Leser darauf hinzuweisen, dass dieser Alltagsgruß eine christliche Wurzel hat, denn er stammt von „adieu" oder „adios" und meint: „Mit Gott!" Das wünsche ich Ihnen. Man kann dieses „Mit Gott!" auch etwas entfalten, und zwar mit den Worten, die Johann Gottfried Herder, der Dichter, Denker und Kirchenmann, auf seinen Grabstein setzen ließ: „Licht, Liebe, Leben".

Der Autor

Dr. Johann Hinrich Claussen, geboren 1964 in Hamburg, Studium der Evangelischen Theologie in Tübingen, Hamburg und London. Promotion und Habilitation in Systematischer Theologie. Nach Stationen als Pastor, Propst und Hauptpastor in Hamburg ist er seit 2016 Kulturbeauftragter des Rates der Evangelischen Kirche in Deutschland. Publizistische Arbeiten zu kulturtheologischen Themen für deutsche Zeitungen, Zeitschriften und Radioprogramme. Zahlreiche Buchveröffentlichungen.

Textnachweis

Wir haben uns bemüht, alle Zitate zu verifizieren und mit einem Quellenhinweis zu belegen. Dies ist uns in einigen Fällen nicht gelungen. Wir bitten die Autoren oder Verlage dieser Textstellen, mit uns Verbindung aufzunehmen.

Die Bibelzitate sind entnommen aus: Lutherbibel, revidierter Text 2017, © 2016 Deutsche Bibelgesellschaft, Stuttgart

Bildnachweis

© Agentur des Rauhen Hauses Hamburg 2019

Gedruckt in Deutschland

ISBN 978-3-7600-1314-5
Best.-Nr. 1 1314-5